FERNANDO STROMBECK

PAPAI
comédia

DA DESCOBERTA
AO PARTO HUMANIZADO

Belas Letras

Editor
Gustavo Guertler

Coordenação editorial
Fernanda Fedrizzi

Revisão
Germano Weirich

Capa e projeto gráfico
Celso Orlandin Jr.

Colaboração
Danilo Radke, Marcos Piangers e Flávia Strombeck

Ilustrações internas
Bru Paschoarelli

Ilustração da capa
Guilherme Bandeira

Fotos
Fábio Augusto e Sam Golob

Dados Internacionais de Catalogação na Fonte (CIP)
Biblioteca Pública Municipal Dr. Demetrio Niederauer
Caxias do Sul, RS

S921p   Strombeck, Fernando
              Papai comédia : da descoberta ao parto humanizado /
          Fernando Strombeck. _Caxias do Sul, Belas Letras, 2017.
              112 p.

          ISBN: 978-85-8174-358-5

          1. Gravidez – Pais. I. Título.

17/25   CDU 618.2-055.1

Catalogação elaborada por
Maria Nair Sodré Monteiro da Cruz CRB-10/904

*Grafia atualizada segundo o Acordo Ortográfico da Língua Portuguesa de 1990,
que entrou em vigor no Brasil em 2009.*

IMPRESSO NO BRASIL

[2017]
Todos os direitos desta edição reservados à
EDITORA BELAS LETRAS LTDA.
Rua Coronel Camisão, 167
Cep: 95020-420 – Caxias do Sul – RS
Fone: (54) 3025.3888 – www.belasletras.com.br

À MINHA FILHA LUÍSA, QUE VEIO PARA SOMAR E AJUDAR O TIME A CONQUISTAR OS OBJETIVOS DENTRO DAS QUATRO LINHAS. À MINHA ESPOSA FLÁVIA, QUE ODEIA FUTEBOL.

sumário

D izem que o começo de um livro tem que ser empolgante, prender a atenção do leitor, envolvê-lo com a história a ponto de ele só parar a leitura na última página. Ferrou! Nem sei quem disse isso, mas já criei antipatia.

Certo. Então devo falar que neste livro eu ensino como sobreviver às flatulências de uma gestante, como dormir ao lado de uma grávida, algumas simpatias para saber o sexo do bebê ou simplesmente como vencer uma discussão na hora de escolher o nome do seu filho?

Hummm. Ou talvez eu deva me apresentar, falando um pouco da minha estranha vida? Que quando criança eu sonhava em ser campeão mundial de xadrez, que já participei de olimpíadas de matemática, fui trapezista, fugi de casa, já me joguei de um palco na plateia em um show de rock, passei em alguns concursos públicos, sou formado em engenharia civil, larguei um emprego público pra viver de comédia e já depilei o rosto com cera quente?

Poxa, alguém que depila o rosto com cera quente merece, no mínimo, algumas páginas de atenção, não?

Ou talvez eu deva contar todas as reviravoltas que minha vida já teve, todas as aventuras, todas as loucuras? Mas nenhum momento vai chegar sequer perto do quanto foi surreal receber um embrulho da minha esposa, abri-lo e me deparar com três testes de gravidez, uma carta e um *body* escrito "Sou do papai".

Foi forte! Fui tomado por uma felicidade que mal cabia no meu magro peito. Primeiro porque era a realização de um casal completamente apaixonado, que passou 10 anos sonhando com a chegada desse momento. Segundo, porque isso garantiria o emprego da minha esposa por mais um ano. Sabe como é, em tempos de crise, temos que comemorar qualquer estabilidade.

Confesso que depois fiquei com um pouco de medo. Eu não sabia absolutamente nada sobre gravidez. Homens geralmente não sabem. Mas claro que logo esse medo passou e transformou-se rapidamente em pânico. Hoje sou só surtado, o que pra mim é o que melhor define um pai de primeira viagem.

Mas por que escrever um livro?

Vivo de comédia. Observo o mundo e faço as pessoas rirem com as minhas conclusões, questionamentos e ideias malucas. Sou um curioso profissional, logo mergulhei nesse universo a ponto de entender a fundo o submundo dos pais de primeira viagem. Do que se alimentam, seus desafios, como sobrevivem.

Fiquei intrigado com a quantidade enorme de artigos, blogs, livros, páginas e vídeos produzidos por mães, e quase nada produzido por pais. Por quê? Sempre que eu questionava um amigo que já era pai sobre algum acontecimento na gravidez de sua esposa, recebia um: "Putz, nem lembro, acho que ela passou por isso sim, não tenho certeza".

Há vários motivos que afastam a figura paterna dessa fase. Medo, insegurança, dúvidas, questões culturais e, muitas vezes, um distanciamento do processo imposto pela própria gestante, que acredita que é indiferente a participação do homem nesse momento.

Mas será que é assim que tem que ser?

Comecei a compartilhar a minha experiência na internet, contando as minhas descobertas, histórias engraçadas, dicas. Sempre com toques de humor e mostrando o ponto de vista de um pai.

Foram quase nove meses recebendo mensagens como: "Obrigado! Meu marido não se interessava pela minha gravidez, começou a ver os seus vídeos e hoje está bem mais envolvido. Estamos curtindo muito esse momento juntos".

Escrevo este livro com o objetivo de aproximar mais o pai desse momento tão especial na vida do casal, e também de mostrar para as mães que o pai é capaz sim de viver essa experiência intensamente. Que essa união, além de deixar a mulher mais segura e confiante para enfrentar todas as transformações de uma gestação, pode ser o grande alicerce na construção dessa nova família. Falo por experiência própria.

Espero que você se divirta com este livro como eu me diverti escrevendo. Espero que você esteja sempre presente para os melhores momentos da vida, como seus filhos precisam que você esteja.

MESMO ANTES DE NASCER O BEBÊ JÁ OCUPA:

90% DO CORAÇÃO DO PAPAI

80% DA BARRIGA DA MAMÃE

150% DO ORÇAMENTO DA FAMÍLIA

12ª SEMANA

PRIMEIRO ULTRASSOM

Dizem que a mulher fica mais sensível durante a gravidez. Concordo. Mas ela fica mais malandra também. E como fica... Minha esposa exalava disposição até a décima primeira semana, enquanto ela ainda não sabia que estava grávida. Se você pedisse com jeitinho, ela era capaz de te ajudar a encher uma laje, de tanta disposição. Claro, se ela não estivesse com as unhas feitas. Mas bastou ela descobrir que estava grávida que baixou a senhora malandragem. Ela vinha com umas coisas do tipo: "Amor, eu não posso carregar peso, pega aquele grampo de cabelo para mim!". Como pode isso?

NOSSA, QUE LINDO!

E digo mais! Cabe ao pai controlar essa malandragem, porque, se deixar largado, acredite, será um caminho sem volta. Vou explicar.

Como recomendado por um amigo obstetra, marcamos um ultrassom para a semana seguinte da tal descoberta. Ele nos disse que seria bom para ver se estava tudo em ordem com o bebê e com a minha esposa, saber o tempo de gestação e a quantidade de fetos. Ok!

Você acredita que a Flávia, minha esposa, tentou cortar fila para fazer o ultrassom? Teve a cara de pau de falar para a atendente:

— Moça, eu estou grávida, tenho preferência!

A atendente mandou na lata:

— Você e aquelas outras sete grávidas, que também só vieram aqui porque estão grávidas.

E o que eu faço com a minha vergonha? É, a malandragem não tem limites. Mas tudo bem, ela é novata nesse lance de gravidez, vai ter mais alguns meses para acertar a mão ainda.

Seguimos para uma salinha escura, ela deitou em uma maca, o médico passou uma gosma na barriga dela e começou os procedimentos. Pegou uma maquininha, muito parecida com aquelas pistolas que o atendente do caixa do supermercado usa pra ler as etiquetas dos produtos, saca? Ele começou a passar firme na barriga dela, como se estivesse com dificuldade de ler algum código de barras. Fiquei atento, mas não rolou aquele barulhinho. Acho que minha filha não estava cadastrada no sistema. Na TV passava umas manchas, eu não entendia nada, mas minha esposa delirava: "Ai, que lindo! Nosso bebê!". Eu fiquei ali, franzindo o rosto por um tempo, com uma enorme dificuldade para entender aquilo tudo. Parecia que estava fazendo exame de vista admissional. Mas concordei com a minha mulher por camaradagem: "Nossa, que lindo o nosso... bebê!".

O sexo do bebê só vamos descobrir a partir da décima quarta semana, mas já rolou escutar o coraçãozinho. Parecia uma metralhadora de tão rápido. Só não era mais rápido que o meu coração ao ouvir o dele pela primeira vez.

DICA PRO PAI

ESTEJA PRESENTE NESSE MOMENTO. PRO HOMEM A FICHA DEMORA UM POUCO MAIS PARA CAIR, MAS ACREDITE, QUANDO VOCÊ OUVIR PELA PRIMEIRA VEZ O CORAÇÃO DO SEU FILHO PULSANDO, TUDO COMEÇARÁ A FAZER SENTIDO.

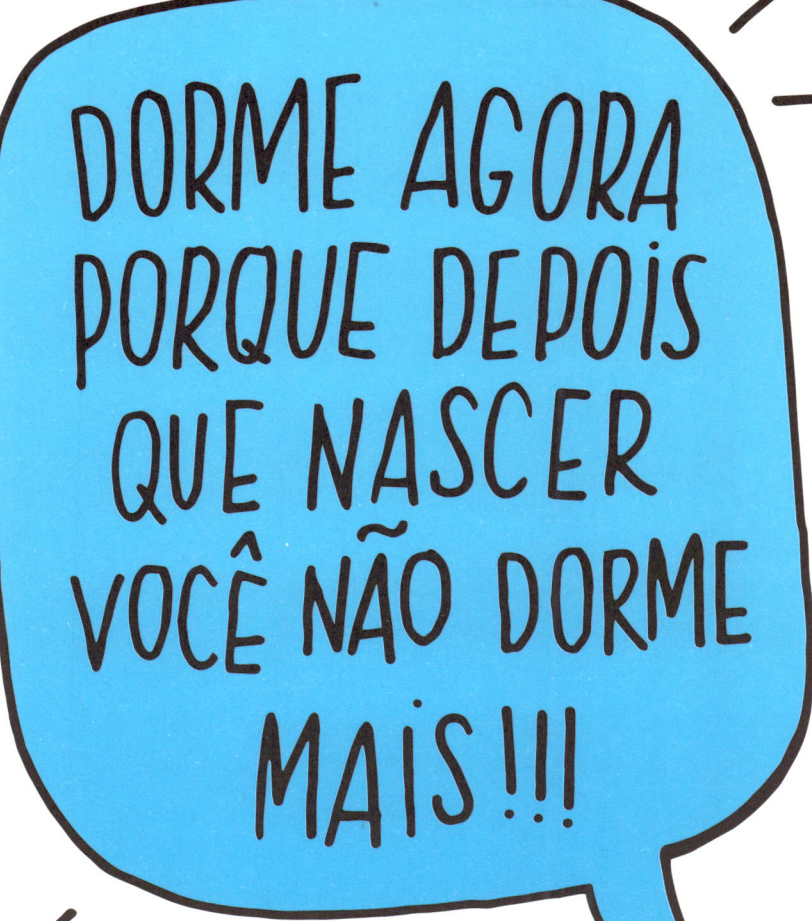

13ª SEMANA

CONSULTA PRÉ-NATAL

A recepcionista da clínica fala pra gente:

— Senhor, agora em dezembro o doutor está com a agenda um pouco apertada, só vou estar conseguindo agendar a consulta do pré-natal pra depois do Natal.

Como assim pré-natal depois do Natal? Se é pré, não tem que ser antes? Depois não seria pós? Que palhaçada é essa? Parecia alguma pegadinha, mas era só burrice da minha parte mesmo.

A consulta recebe esse nome porque tem a ver com natalidade, e é realizada antes de o bebê nascer, por isso pré-natal. Que coisa, não? E eu já ia xingar a mãe da atendente.

FELIZ 1.390 SEMANAS!

Chegado o dia da consulta, surgiu uma dúvida: "Será que o médico vai pedir pra minha esposa abrir as pernas pra ele ali na minha frente?". Tudo bem que é um procedimento necessário, mas como eu me comporto nessa situação? Não é algo que enfrento todos os dias, eu precisava me preparar psicologicamente. Pensei em fechar os olhos na hora, ou ficar olhando para o teto, ou talvez sair para tomar um café. Diante de tantas dúvidas, pedi pra minha esposa ir com uma calcinha bege mesmo. Já era.

Bobagem minha, no fim foi bem tranquilo. O médico me explicou que essas consultas são frequentes até o bebê nascer, que têm como objetivo prevenir, orientar, esclarecer e diagnosticar qualquer alteração da saúde da minha esposa ou do bebê. Rolou um bate-papo bem legal.

A única coisa de que não gostei muito foi o fato de ele só falar em semanas: "Na trigésima semana vamos precisar de um exame tal! Na vigésima semana você precisará fazer tal coisa". A gente tem que ficar calculando, treco confuso. Uma hora eu estava tão cheio disso tudo que, quando ele perguntou a idade da minha esposa, eu mandei na lata: "1513 semanas! Vai! Você não é o bonzão das semanas? Calcula aí, então".

Falei no impulso. Achei que ele ficaria chateado, mas não, ele respondeu sem pensar muito: "Ok, 29 anos". Eitcha. Esqueci que ele era doutor nessas paradas. Quase aplaudi. Depois ele me explicou que os médicos falam dessa forma porque de uma semana para outra o bebê muda muito, e falando assim fica mais fácil listar essas mudanças com o passar das semanas. Que coisa, né? Ganhou meu respeito, até pedi desculpas pela calcinha bege.

DICA PRO PAI

É MUITO IMPORTANTE TER UMA RELAÇÃO DE CONFIANÇA E RESPEITO COM O SEU MÉDICO. LÁ NA FRENTE VAI FAZER MUITA DIFERENÇA, PRINCIPALMENTE SE VOCÊ BUSCA UM PARTO NATURAL, COMO ERA O NOSSO CASO.

CRUZADINHA PARA SE DISTRAIR ENQUANTO AGUARDA SER ATENDIDO NA(S) CONSULTA(S) DO PRÉ-NATAL.

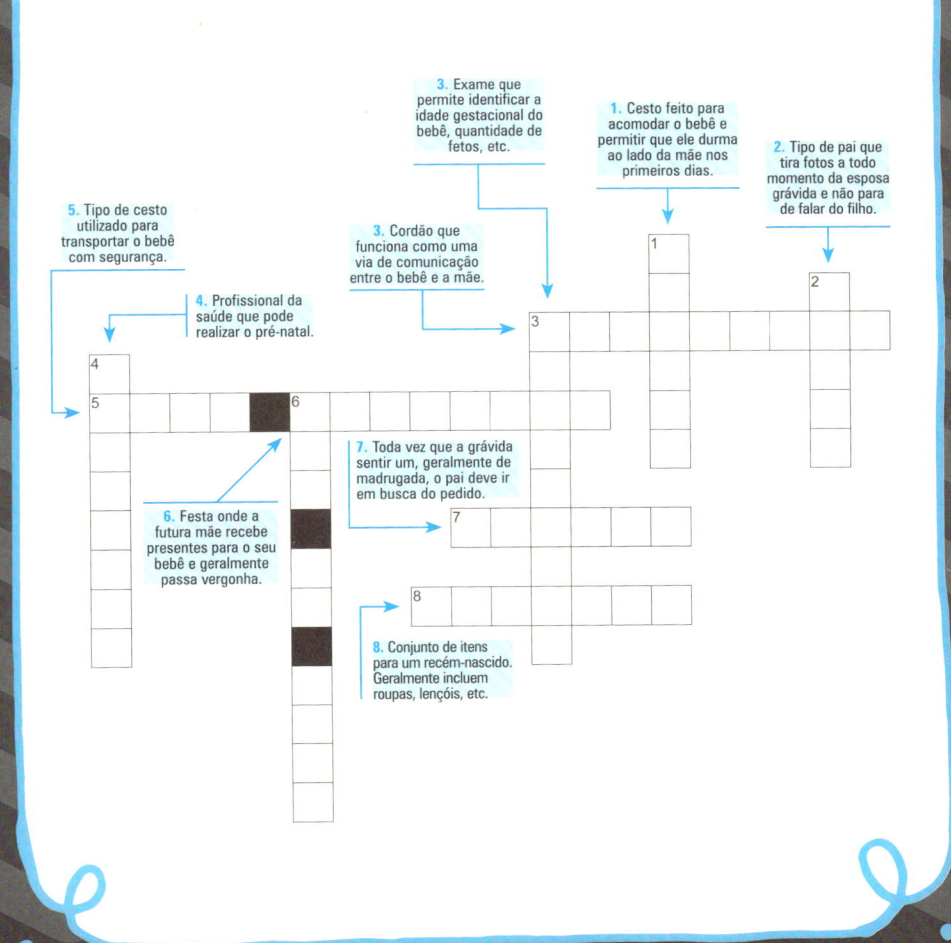

3. Exame que permite identificar a idade gestacional do bebê, quantidade de fetos, etc.

1. Cesto feito para acomodar o bebê e permitir que ele durma ao lado da mãe nos primeiros dias.

2. Tipo de pai que tira fotos a todo momento da esposa grávida e não para de falar do filho.

5. Tipo de cesto utilizado para transportar o bebê com segurança.

3. Cordão que funciona como uma via de comunicação entre o bebê e a mãe.

4. Profissional da saúde que pode realizar o pré-natal.

7. Toda vez que a grávida sentir um, geralmente de madrugada, o pai deve ir em busca do pedido.

6. Festa onde a futura mãe recebe presentes para o seu bebê e geralmente passa vergonha.

8. Conjunto de itens para um recém-nascido. Geralmente incluem roupas, lençóis, etc.

14ª semana

MANDINGAS
PARA SABER O SEXO DO BEBÊ

E u sempre quis ser pai de menina. Acho que todo mundo tem uma certa preferência pelo sexo do seu filho antes de descobrir que vai ser pai. Digo antes, porque depois que você descobre, não tem como, aos poucos você vai deixando de lado essa preferência e surge uma vontade louca de que nasça o quanto antes, rapidão, só isso. Como diriam minha vó, minha tia, meu tio, minha vizinha, minha prima, minha cunhada, a moça na fila do banco: "O importante é que venha com saúde, né?". Prepare-se, pois essa frase vai te acompanhar até o final da gestação.

O pior de tudo são os palpiteiros. Lá estávamos nós em mais uma festa de família, quando minha esposa foi abordada por uma tia-avó, daquelas que já eram senhoras há muito tempo, saca? Todo mundo tem uma dessas na família. Ela olhou pra barriga da minha esposa e profetizou: "A barriga é arredondada, vai ser menina, eu NUNCA errei!". Pensei: "Que demais, vou ser pai de uma menina! Demorou, vamos pensar no nome, comprar as roupas...". Foi quando uma vizinha senhorinha, mais senhorinha que a senhorinha que já era senhorinha há muito tempo, PHD em senhorinha, encostou na barriga da minha esposa e disse: "É menino! Olha o formato dessa barriga! Eu NUNCA errei". Aí melou tudo, né? Não dá pra confiar em ninguém nesse mundo, nem nas senhorinhas? A discussão entre elas seguiu durante um tempo, até que, dentre pigarros e resmungos, alguém sugeriu que a gente fizesse uma simpatia para tirar isso a limpo. Então separei algumas das sugestões dos palpiteiros para compartilhar aqui com você.

SIMPATIA DO FIO DE CABELO:

FALARAM DE UMA ONDE VOCÊ PASSA UM FIO DE CABELO DA GRÁVIDA EM UMA AGULHA E A COLOCA PENDURADA EM CIMA DA BARRIGA DELA. SE A AGULHA FIZER UM MOVIMENTO CIRCULAR, SERÁ MENINA, SE FIZER O MOVIMENTO EM FORMA DE PÊNDULO, SERÁ UM MENINO. QUEM INVENTOU ISSO NUNCA ENFIOU UM FIO DE CABELO EM UMA AGULHA! IMPOSSÍVEL! DÁ UMA TRABALHEIRA ENORME! ATÉ A GENTE CONSEGUIR, NOSSO FILHO JÁ VAI TER TERMINADO A FACULDADE. SEM CONTAR QUE O CABELO DA MINHA ESPOSA É CURTO.

SIMPATIA DA SOMA DAS IDADES:

TEM UMA SIMPATIA QUE SOMA A IDADE DO PAI COM A DA MÃE E SUBTRAI 1. SE DER PAR, É MENINO; SE DER ÍMPAR, É MENINA. E VOCÊ ACHANDO QUE AS AULAS DE MATEMÁTICA DO COLÉGIO NUNCA SERVIRIAM PRA NADA, HEIN? DIGO MAIS, SE VOCÊ TIRAR DE CABEÇA A RAIZ QUADRADA DESSE NÚMERO, SOMAR A DERIVADA DA IDADE DO VÔ E ELEVAR À TERCEIRA POTÊNCIA, VOCÊ DESCOBRE QUE... VOCÊ É UM GÊNIO! GABARITA O ENEM E TUDO! VAI POR MIM.

SIMPATIA DAS ALMOFADAS:

A MAIS CONHECIDA É A SIMPATIA DAS ALMOFADAS. VOCÊ PREPARA A MANDINGA NO SOFÁ. COLOCA UMA COLHER EMBAIXO DE UMA ALMOFADA, UM GARFO EMBAIXO DA OUTRA E PEDE PRA GRÁVIDA SENTAR EM UMA DAS DUAS. SE ELA SENTAR NA ALMOFADA COM A COLHER, SERÁ MENINA. SE ELA SENTAR NA ALMOFADA COM O GARFO, FERROU O SOFÁ OU A ALMOFADA. NÃO SEI SE VOCÊ SABE, MAS O GARFO É CAPAZ DE FURAR. POR ISSO RECOMENDO QUE FAÇA ESSA SIMPATIA NA CASA DA SUA SOGRA.

DEPOIS DE MUITOS
TESTES, PESQUISAS E
PALPITES, DESCOBRI UM
MÉTODO INFALÍVEL PARA
SABER O SEXO DO BEBÊ.
ALGO QUE FUNCIONA
DE VERDADE! É SÓ
VOCÊ TER PACIÊNCIA E
ESPERAR. PRONTINHO,
É BATATA!

15ª SEMANA

ROUPAS PARA GRÁVIDAS

Se hoje a sua mulher já abre o guarda-roupa e solta um "Amoooor! Eu não tenho roupa!", prepare-se, durante a gravidez momentos como esse serão bem mais frequentes.

De fato, algumas roupas deixam de servir momentaneamente na gestante, e vai ser preciso desembolsar uma graninha com roupas novas.

Pior que a mulher usa por muito pouco tempo roupas de grávida. O corpo muda rapidamente, depois o bebê nasce e já era, perde tudo. Eu acho que deveria ter uma loja de aluguel de roupas para as grávidas. Olha que sacada, não? De quebra ainda acaba atendendo um público de gordinhas. Fica essa dica pros empreendedores de plantão!

EU NÃO TENHO ROOOUPAA!!!

Também tem as roupas do bebê, mas essas, normalmente, a gente vai ganhando. Só que como a gente ainda não sabe o sexo do bebê, até agora só ganhamos roupas brancas. Várias! A galera está achando que o meu filho vai ser macumbeiro, só pode. Cada roupinha branca que chega, vem logo aquele pensamento: "Ah, isso aí não aguenta uma jatada explosiva!". Tô mentindo?

DICA PRO PAI

APROVEITE O ÚNICO MOMENTO NA VIDA DO CASAL EM QUE SUA ESPOSA PODE COLOCAR UMA ROUPA E FALAR: "VOCÊ ACHA QUE EU FICO GORDA NESSA ROUPA?". E VOCÊ RESPONDER: "FICA! FICA! FICA!", SEM MEDO DE TOMAR UMA VOADORA. E DIGO MAIS, ELA AINDA VAI GOSTAR.

CAÇA-PALAVRAS PARA O PAI SE DISTRAIR ENQUANTO A GRÁVIDA ESCOLHE ROUPAS NOVAS.

```
Z F P A H K A Y N G J L V E E T
I V F D J G Z U W E U F R M D R
N Y R R T C Q X M S P M J D P A
A Y C E W F S D C T C C Y M M N
I B V N I I U I I A G R L N Y S
P O M A U B U A K Ç N O I A U F
F R A L D A S E M Ã Y F T X L O
P E D I A T R A N O T L E S T R
T I B N B B Y D O U L A T K R M
K S E A N S I E D A D E E X A A
E G R M A T E R N I D A D E S Ç
R K Ç P A T E R N I D A D E S Õ
H I O E E N Y U Z O Ú T E R O E
P L A C E N T A U K V W O D M S
E C P E K C Ó L I C A U Y R I J
O B S T E T R A U A P O K E C Q
```

ADRENALINA	CÓLICA	PEDIATRA
BERÇO	DOULA	MATERNIDADE
ULTRASSOM	OBSTETRA	ANSIEDADE
GESTAÇÃO	ÚTERO	PATERNIDADE
PLACENTA	FRALDAS	TRANSFORMAÇÕES

HUMOR DE GRÁVIDA MUDA TANTO QUE MINHA ESPOSA JÁ ME XINGA DANDO RISADA.

16ª SEMANA

O SEGUNDO ULTRASSOM

Como o médico disse que depois da décima quarta semana já conseguiríamos saber o sexo do bebê, lá estávamos nós, ansiosos, naquela sala gelada novamente. Depois de o doutor virar minha esposa para um lado e para o outro, como se estivesse tentando localizar algum código de barras que passasse no leitor, ele deu o veredito:

"Olha, é impossível ter 100% de certeza. O bebê está com as pernas cruzadas, mas talvez seja uma menina."

Confesso que eu me emocionei um pouco. Desde o começo eu estava com a sensação de que seria uma menina. Se o médico estivesse correto, já estava certo que minha filha seria uma lady desde cedo. Ela não achou legal ficar abrindo as pernas desse jeito por aí, com todo mundo em cima olhando. Estão pensando o quê? Essa é minha garota.

QUER CHOCOLATE?

Lembro que antes da consulta alguns parentes (sempre os parentes) falaram pra minha esposa comer bastante chocolate, assim o bebê ficaria mais agitado e nós conseguiríamos ver tudo no ultrassom. Muita gente fala isso, mas não tem nada cientificamente comprovado. O chocolate acaba sendo uma fonte rápida de glicose e contém um certo poder estimulador, que ajuda a melhorar a movimentação, mas cada mulher tem um tipo de reação.

Não custava tentar, né? Nós comemos duas caixas de bombons e nada. Sim, eu comi junto porque sou parceiro em todos os momentos. No fim cheguei a duas conclusões: primeiro, que o meu bebê tem personalidade. Ele não vai ficar se vendendo por chocolate nenhum. Muito bem, esse é meu bebê! Segundo, que duas caixas de bombons para uma grávida podem ser uma bomba atômica. Fato! No fim não conhecemos o sexo do bebê, mas o vaso sanitário do hospital conheceu um ser maligno das trevas.

Se não bastasse, ainda sobrou tempo para ouvirmos mais uma simpatia da enfermeira: "Vai por mim, se o seu marido tiver saco duro, o seu filho vai ser menino, se ele tiver saco mole, será uma menina!". Minha esposa estava tão ansiosa que, por um momento, eu achei que ela me passaria uma rasteira e verificaria ali mesmo. Corri até o carro como se não houvesse amanhã.

A dúvida que não quer calar: se um pai tem um menino e uma menina, ele tem um lado mole e outro duro? Se isso é verdade, não sei, só sei que o meu tio tem três meninos, e agora eu apelidei ele de Tonhão Saco de Aço.

17ª SEMANA

EXERCÍCIOS DURANTE a GRAVIDEZ

N a última consulta, o médico disse que seria ótimo para a minha esposa fazer caminhadas ou frequentar uma academia para gestantes. Poxa, mais exercícios? Eu já acho puxado ela correr até o banheiro e agachar no vaso sanitário cinquenta vezes por dia pra fazer xixi. Se fosse comigo, na décima corrida eu já me jogaria de braços abertos no chão e ficaria por ali mesmo, todo mijado. Mas o pior é que ela gostou bastante da ideia. Claro, da ideia de frequentar uma academia, não a de ela ficar mijada de braços abertos no chão. Ainda bem.

Eu sugeri que ela começasse fazendo caminhadas. Sei que melhora o condicionamento, aumenta o fluxo sanguíneo, diminui o estresse e a melhor parte: encaixa em qualquer orçamento.

AATCHIMM!! ACHO QUE FIZ XIXI!!!

Ainda dei a ideia de ela caminhar todos os dias de manhã até a padaria pra comprar pão, assim mataríamos dois coelhos com uma cajadada só. É, por muito pouco não levei uma cajadada também.

"Eu queria muito fazer pilates. Vai me ajudar a aliviar a pressão nas costas, diminuir essas dores terríveis, vou conseguir controlar melhor a minha respiração e dizem que fortalece os músculos pélvicos. Isso é ótimo pra gente que busca um parto normal", ela argumentou.

Eu não quis contrariá-la, vai que o nosso filho nasça com cara de bola de pilates, né? Vamos ver qual é a desse tal de pilates.

Ela me mostrou um vídeo, toda empolgada. Fiquei surpreso com o quanto é puxado esse negócio. Se o bebê realmente sabe o que acontece fora da barriga da mãe, certeza que ele estava pensando: "Poxa, mãe, preferia ficar na barriga do papai, que está em casa largado no sofá, bem mais tranquilo".

Pior que, mesmo com um barrigão enorme, a minha esposa consegue fazer uma porrada de alongamentos. Eu mal consigo colocar minhas meias sozinho. Muito humilhante isso.

No fim, as aulas estão fazendo muito bem para ela. Ela parece bem mais disposta e animada e, de alguma forma, isso está me afetando também.

Se eu entrei nessa onda de exercícios? Hoje sofri para encaixar a cadeirinha no carro, carreguei várias sacolas com roupas do bebê, subi escadas com um berço nas costas. Tá pensando o quê? Agora deixa eu ir na farmácia buscar um Dorflex, porque tá feia a coisa por aqui.

DICA PRO PAI

QUANDO UMA MULHER COMEÇA A FAZER EXERCÍCIOS, ELA ADORA OUVIR ELOGIOS DO TIPO: "NOSSA! COMO VOCÊ TÁ EMAGRECENDO!". DURANTE A GRAVIDEZ É O CONTRÁRIO. NÃO VAI FALAR ISSO PRA SUA ESPOSA QUE ELA DEIXARÁ DE FREQUENTAR A ACADEMIA E VOCÊ VAI PERDER AQUELE SAGRADO TEMPINHO LIVRE QUE VOCÊ TINHA PRA JOGAR VIDEOGAME. VAI POR MIM.

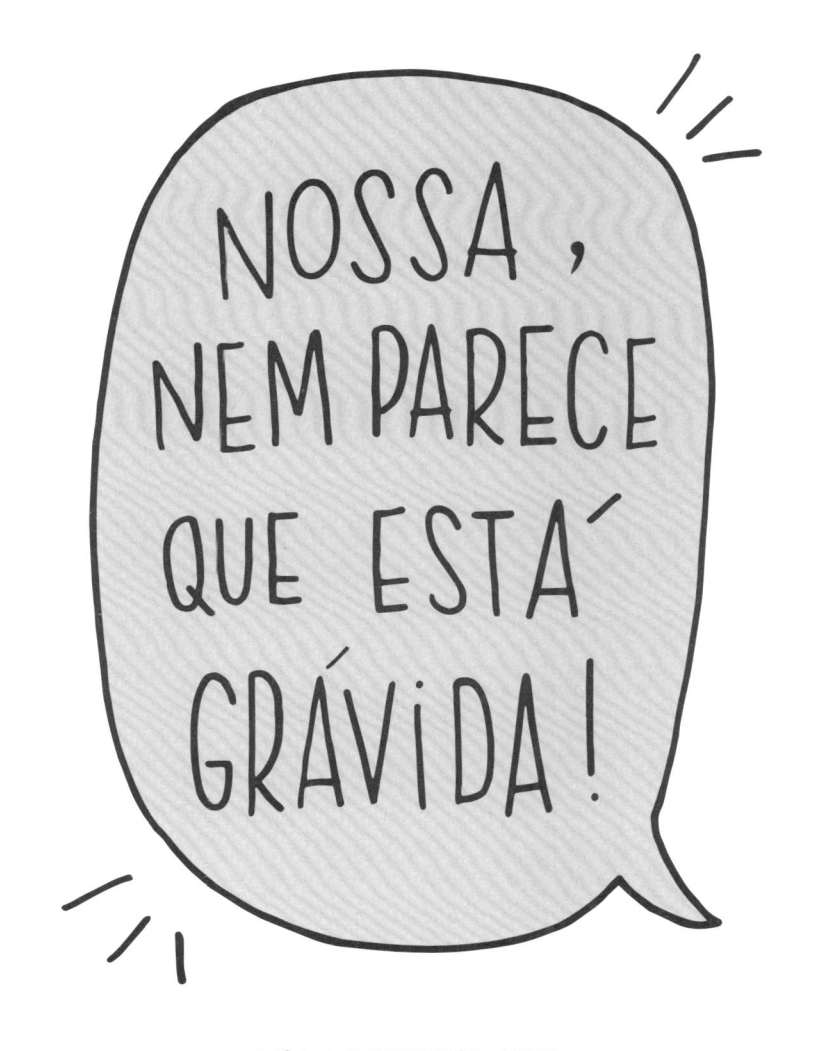

#FRASESDEPALPITEIROSCHATOS

18ª SEMANA

VOU SER PAI DE MENINA

Vou ser pai de uma menina! Que demais!

Fora a tia-avó, que não conta porque é café com leite, eu fui o único que acertou o sexo do bebê. Gostaria de registrar isso: eu NUNCA errei.

Já a vizinha senhorinha que nunca tinha errado, errou! Depois ainda veio com o papo: "Eu disse menino? Eu não disse que era menino!". Ah, vá! Também não disse que tinha Alzheimer. Assim até eu acerto!

Minha filha está se mexendo bastante. Às vezes minha esposa puxa a minha mão dizendo: "Sente só!". Mas pra ela é fácil, porque é por dentro, né? A maioria das vezes eu não sinto nada, mas pra não contrariar mando um: "Nossa, como chuta essa menina, hein? Nossa, senti!".

EU SEMPRE SOUBE!!!

Se você é mulher, faça esse teste, fale que o bebê chutou só de zoeira. Certeza que seu marido vai concordar.

Já começamos a arrumar o quarto da minha filha. O ruim é saber que aquela parede que você decorou, rosinha, tudo bonitinho, em 12 anos vai estar cheia de pôsteres dos novos Justin Biebers e MC Guimes da vida. Triste isso.

Pior são os amigos chatos, com as velhas piadinhas machistas de sempre: "Menina? Agora meu filho arrumou uma namoradinha!". "Fala, Fernando fornecedor! Se liga galera! Chegou o mais novo fornecedor!".

Já deu, né?

A vida é uma caixinha de surpresas. Já pensou os amigos que chamavam o pai da Thammy Gretchen de fornecedor? Se vacilar, hoje ela (ele) pega mais mulheres que os filhos deles. E se bobear, pega os filhos deles.

Mas eu nem ligo pra zoeira, eu acho que eu não vou ser um pai ciumento, eu só quero muito que a minha filha seja parecida comigo. Inclusive que tenha barba, pra nenhum moleque ranhento ficar dando em cima dela.

19ª SEMANA

ESCOLHENDO O NOME DA MINHA FILHA

Nunca imaginei que seria tão difícil escolher o nome de uma filha. Poxa, é uma baita responsabilidade decidir como as pessoas vão chamar alguém pelo resto da vida. Logo eu, que sempre sofri pra escolher os nomes dos meus cachorros, imagine agora ter que escolher o nome de um filho. Até hoje eu tive quatro cachorros: Tequila, Conhaque, Ciroc e Martini. Por mim a minha filha se chamaria Amarula, mas acho que a minha família não gostou muito da ideia. Também tentei sugerir Natasha ou Raiska, mas não aceitaram.

Se foi difícil pra gente escolher o nome de um filho, eu fico imaginando como é complicado para o Mr. Catra. Tem que ter muita criatividade! Ele já deve ter zerado a lista telefônica umas duas vezes.

Luisa

Tem quem diga que você precisa esperar a criança nascer, olhar para o rosto dela e só depois escolher um nome que combine com a fisionomia do bebê. Acho isso perigoso. Se fosse assim, 90% das crianças se chamariam "Joelho". Não faça isso.

Que comecem os jogos. Minha esposa jogou um nome na roda, Maria Luiza, com o argumento de que todos poderiam chamá-la de Malu. Não gosto muito desse negócio de escolher um nome pensando no apelido. Não adianta prever, a vida vai dar um apelido pra ela. Se ela nascer com uma testinha avantajada, vai ser testudinha, se for baixinha, vai ser faxineira de maquete, não adianta antecipar a ordem natural das coisas.

Depois de muita conversa, a gente chegou no nome "Luísa", com acento e com S, só para as pessoas escreverem errado mesmo. Porque a gente é da zoeira. Luísa Strombeck. Ferrou.

Na verdade, eu queria Luisa sem acento e a minha esposa queria com acento. Depois de duas horas discutindo, sem ninguém ceder, ela ficou bem furiosa: "Então tira o acento do nome e enfia naquele lugar!". Daí achei melhor deixar o acento no nome mesmo, tá mais bonito no nome do que naquele lugar. Adoro Luísa com acento. Nome lindo!

DICA PRO PAI

PARA O HOMEM É MAIS FÁCIL CONVENCER A MULHER A NÃO ESCOLHER UM NOME QUE ELE NÃO GOSTE. SIMPLES, VAMOS SUPOR QUE SUA MULHER QUEIRA COLOCAR O NOME DE MARCELA, MAS VOCÊ NÃO QUER. ENTÃO É SÓ FALAR:

— BOA, VAMOS COLOCAR MARCELA. INCLUSIVE, ESSE É O NOME DA MINHA EX-NAMORADA.

PRONTO! VAI LHE CUSTAR UM TAPÃO NA NUCA? VAI. MAS NÃO VAI TER NENHUMA MARCELA NA FAMÍLIA POR UMAS CINCO GERAÇÕES.

SE MINHA FILHA PUXAR O PAI, NÃO VOU TER MUITO TRABALHO EM COLOCAR ELA PARA arrotar.

20ª SEMANA

DOULAS? O QUE SÃO? DO QUE SE ALIMENTAM?

Minha esposa sempre sonhou em ter um parto o mais natural possível. Eu sugeri que a nossa filha fosse concebida no meio do mato, pra começar de uma forma bem natural também, nada mais justo. Mas é claro que a madame não topou. Ou será que topou? Durma com essa dúvida.

Por conta desse interesse, logo que a gente começou a pensar em ter filhos, a Karen, a nossa doula, entrou em cena. Para quem não conhece, doula é uma profissional que tem como papel:

ORIENTAR O CASAL, EXPLICANDO AS FASES DA GESTAÇÃO.

MOSTRAR PARA O CASAL COMO SE PREPARAR PARA O DIA DO PARTO.

AJUDAR A GESTANTE A ENCONTRAR POSIÇÕES MAIS CONFORTÁVEIS PARA O NASCIMENTO DO BEBÊ.

FAZER A PONTE ENTRE A EQUIPE MÉDICA E A GESTANTE, NO DIA DO PARTO.

ENSINAR TÉCNICAS DE RESPIRAÇÃO.

SUGERIR MEDIDAS NATURAIS QUE POSSAM ALIVIAR AS DORES, DENTRE OUTRAS ATIVIDADES.

Eu achava que a doula era uma espécie de parteira, meio bruxa, que manjava das poções, mas minha esposa estava tão animada em ter a gestação acompanhada por uma que eu acabei concordando, contanto que ela não levasse ervas proibidas para dentro da nossa casa.

Eu só não entendia a questão de ser uma profissão predominantemente feminina. Ok, eu concordo que são poucos os homens que servem para isso. A maioria, na hora do nascimento, ao invés de ajudar, começaria a gritar:

"Ai, meu Deus! Tá nascendo! Alguém socorre a moça!"

Em contrapartida, eu acho que deveria existir um doulo, para ajudar o pai também! Por que não? Principalmente pra não sobrecarregar a doula, caso ela tenha que parar de acompanhar a gestante pra socorrer o pai que desmaiou. Fica essa sugestão para os profissionais da área.

Hoje a minha esposa não desgruda da Karen. E o pior, eu não posso reclamar que ela vem logo com um argumento bem convincente:

— Se você quiser, eu dispenso a doula e minha mãe pode nos acompanhar no parto.

Capaz! Que venha a doula! Até liberei as ervas proibidas.

DICA

LEMBRE—SE DE QUE A DOULA ESTARÁ PRESENTE DURANTE O MOMENTO MAIS IMPORTANTE DA SUA VIDA, ENTÃO É FUNDAMENTAL SABER SE ELA ESTÁ PREPARADA PARA ISSO. BUSQUE REFERÊNCIAS DE OUTROS PARTOS, FAÇA ENTREVISTAS, VEJA OS CURSOS QUE ELA REALIZOU E PESQUISE MUITO BEM.

21ª semana

DESEJOS de GRÁVIDAS

Pronto, o temido momento da gravidez chegou. Minha esposa começou com os desejos. Pior que ela não começou de leve, já chegou com os dois pés no peito:

— Amor, estou com desejo que você lave a louça, limpe a casa, vá ao supermercado...

A vida não está fácil por aqui.

Embora a mulher sempre mande no relacionamento, ela nunca abusa muito, porque ela sabe que, se abusar, ela perde a razão. A bichinha é esperta. Só que na gravidez as coisas mudam um pouco. Ela pensa: "Agora vou botar pra ferrar tudo! Dane-se!". Eu aposto que toda mulher tem uma lista de desejos absurdos, que elas vão escrevendo desde os doze anos: "Ah, um dia vou usar tudo isso com um trouxa!". Certeza.

Alguém deveria pensar um pouco nos pais e criar logo uma tele-entrega de desejos de grávidas. Você liga lá: "Opa, minha mulher tá querendo um tijolo com ketchup", e dez minutos depois está na sua casa. Bom, hein? Poxa, se tiver alguém interessado em investir nessa ideia, dou o meu total apoio. Pelo amor à pátria.

Essa semana ela veio com o papinho:

– Amor, tô com desejo!

– Qual?

– Ver seu WhatsApp.

Jesus amado. Tô nem aí, minha filha vai nascer com cara de WhatsApp. Melhor que nascer órfã de pai, não é verdade?

Se não bastassem os desejos, as grávidas têm cada ideia... Esses dias minha esposa me acordou, do nada, às quatro e meia da manhã. Eu fiquei assustado e perguntei se estava tudo bem. Ela disse que sim, que só estava me treinando, pra eu ir me acostumando pra quando a Luísa nascesse. Ahhh, vá! Não deu outra, no dia seguinte, depois de usar o banheiro, não resisti e gritei:

– Amoooor, tô pronto. Vem me limpar.

– Como assim?

– Ué, pra você ir treinando pra depois que a Luísa nascer.

O mundo dá voltas.

DICA PRO PAI

SE FOR FAZER ISSO,
CERTIFIQUE—SE DE QUE
O SOFÁ DA SALA
É CONFORTÁVEL.

QUANDO EU SOUBE QUE IA SER **PAI**,

CHOREI, CHOREI MESMO

ERA MUITA EMOÇÃO

. . . . .

DEPOIS QUE VI O PREÇO DA FRALDA,

CHOREI MAIS AINDA!

22ª SEMANA

GRÁVIDA X VASO SANITÁRIO

Quanto mais cresce a barriga da minha esposa, mais ela sente calor. Agora eu entendo por que gordinho está sempre suado. Brincadeirinha!

É comum a gestante sentir muito calor, principalmente no último trimestre de gestação. Isso acontece por conta das variações dos níveis hormonais. Eu já acho que é uma reação do corpo preparando a mulher para o parto. Vai esquentando tanto que chega uma hora que fica tão quente que o bebê fala: "Pra mim deu! Tá muito quente aqui, vou sair". E pronto, nasce.

Minha esposa tenta amenizar esse calor tomando bastante líquido. Daí urina sem parar. Daí precisa correr pro banheiro toda hora. Daí fica com calor porque correu. Daí precisa tomar líquido pra diminuir o calor. Daí vai mais ao banheiro. Sim, é um ciclo sem fim.

Essa semana minha mulher começou a frequentar alguns encontros de grávidas. Eu não sei onde fica, mas desconfio que seja dentro de um banheiro público. Não pode ser em outro lugar. Cada grávida sentada na sua privada, só assim pra rolar um bate-papo sem interrupções.

Pior que ela não tem como fugir dos líquidos. Foi uma orientação do médico no primeiro pré-natal. Não só por conta do calor, mas porque melhora a circulação sanguínea, a irrigação do útero, da placenta, etc. O problema é que a cada dia o peso da Luísa aumenta mais, e com isso aperta mais a bexiga da minha esposa. Conclusão: além da minha mulher dominar o armário do banheiro, agora dominou também o vaso sanitário.

Poxa, eu gostava de ir de boa ao banheiro, ler meu gibi do Batman, tranquilo. Bons tempos aqueles... Agora mal dá pra ler uma tirinha que ela já bate na porta e me expulsa de lá. Estou tendo que me acostumar com a dura vida de fazer cocô parcelado. Não é fácil.

DICA

JAMAIS ENTRE NUMA PISCINA ONDE GRÁVIDAS FAZEM HIDROGINÁSTICA. SÓ ESTOU JOGANDO NO AR. QUEM PEGAR PEGOU.

AJUDE A GRÁVIDA

23ª semana

CONVERSANDO COM A BARRIGA DA MINHA ESPOSA

À s vezes eu aperto a barriga da minha mulher e a minha filha responde com um chutinho. Muito legal. Só não é legal quando eu aperto o umbigo da minha esposa. Vixe, sai de perto! Nem tente fazer isso. Ao invés da sua filha responder com um chutinho, sua esposa vai te responder com uma voadora no pescoço. Pior que nem elas sabem explicar o motivo de tanta revolta. Vai entender.

Embora pareça algo um pouco besta, eu me amarro em apertar e conversar com a barriga da minha esposa.

LINDINHA DO PAPAI!

Ela tolera as minhas besteiras, ainda mais depois que o médico disse que é importante a gente manter um diálogo com a nossa filha desde cedo, que é nesse momento que começam as primeiras experiências de linguagem e aprendizado de uma criança.

Engraçado que a primeira experiência de linguagem que os pais passam nessa fase para os bebês geralmente é: "Cadê o meu bebê? Cadê? Lindinhaaaaaaaa!". Eu sugeri ler Camões para a barriga da minha esposa, assim a Luísa já começaria em um nível elevado, mas a Flávia preferiu as minhas bobagens mesmo. Dá mais sono nela, por incrível que pareça.

Outro ponto tocado pelo doutor é que, quanto mais precoce for esse contato da mãe e do pai com o bebê, mais seguro ele vai se desenvolver. Depois que a nossa filha nascer, as nossas vozes sempre vão remeter àquele momento de tranquilidade que ela teve dentro da barriga e ela vai se sentir mais segura. Uma criança segura tem mais facilidade em aprender e se relacionar com outras pessoas.

Eu nunca imaginei que tudo que acontecesse aqui fora pudesse influenciar tanto a vida da minha filha. Por isso estou levando ao pé da letra todo esse aprendizado. Qualquer discussão que surge aqui em casa, logo eu me defendo: "Vai me xingar? A Luísa está escutando. Essa é a primeira impressão que você quer que ela tenha de ti? Que coisa feia!". Funciona em partes. Quem é casado sabe que toda mulher tem o dom de discutir sem falar nenhuma palavra. Elas vencem qualquer discussão só com um olhar. Aqui não é diferente, por isso eu falo isso e saio correndo.

DICA PRO PAI

EMBORA O BEBÊ NÃO ENTENDA O SIGNIFICADO DAS PALAVRAS, ELE CONSEGUE PERCEBER O CARINHO, POR ISSO É IMPORTANTE A PARTICIPAÇÃO DO PAI TAMBÉM NESSE MOMENTO. É O INÍCIO DE UM VÍNCULO.

24ª SEMANA
PEIDOS de GRÁVIDAS

Não sei se vocês sabem, mas grávidas soltam gases em uma quantidade muito acima do normal. Mulher grávida come por dois, dorme por dois e, sinto informar, peida por oito. Juro que às vezes a barriga da minha esposa dá aquela tremidinha, e eu nunca sei se é o bebê que tá chutando ou uma bufa que está vindo.

E grávida não pode prender o peido. Na última consulta o médico falou que, se ela sentir vontade, tem que soltar, porque senão dá cólica. Vontade de falar: "Ah é? Então aproveita e solta uns três aqui pra ele ver o que é bom! Pra ele aprender a não ficar dando esses conselhos errados! E eu? Como fico?"

Tem quem diga que esse deve ser um dos motivos pelos quais a grávida tem preferência em filas. Assim ela vai embora logo e ninguém sofre as consequências dos gases. Brincadeirinha!

Antes da minha esposa engravidar, eu brincava com ela de peidar embaixo do lençol. Todo mundo já fez isso. Você prende a esposa lá, é uma brincadeira bem saudável! Mas agora não rola mais, são 2 contra 1, tô sossegado, cê é louco!

Talvez tudo isso seja a natureza preparando a gente, porque depois que a Luísa nascer, vamos ter que aguentar o cheiro das fraldas sujas. Assim já vamos nos acostumando. Ahh como a natureza é sábia.

A verdade é que pais de primeira viagem ficam bobos pra tudo. Até os peidos nós achamos fofos. Dá pra acreditar? Eu nem ligo mais, como sou parceiro, eu entrei no clima. Quando estou em algum lugar público com a minha esposa, eu aproveito pra peidar também. Parceria é parceria... e que culpem a grávida!

DICA PRO PAI

UM SIMPLES NARIZ TRANCADO PODE AJUDAR BASTANTE NESTA FASE. FOQUE NAS BEBIDAS GELADAS, SERENO DE MADRUGADA E NAS CAMINHADAS DE CUECA PELA RUA QUANDO ESTIVER CHOVENDO.

25ª SEMANA

ESTRIAS na GRAVIDEZ

omo a minha esposa anda desesperada com a possibilidade de aparecerem estrias na barriga dela, recebi a árdua tarefa de passar cremes quase que diariamente nela.

Sério, eu já passei tanto creme que as linhas das minhas mãos estão desaparecendo. Agora nem uma cigana com visão de águia consegue ler o meu futuro. A única certeza que temos é que no futuro vamos ter problemas financeiros, porque vocês já viram os preços desses cremes? Se a gente analisar bem, eu acho que fica mais barato esperar nascer e pagar uma plástica depois. Certeza!

O médico disse que um dos motivos das estrias aparecerem é o aumento de peso acima do normal, mas em boa parte a tendência a estrias é hereditária. Como a minha esposa não aumentou muito de peso, antes de gastar com produtos eu fui tentar analisar a barriga da minha sogra pra conferir a genética. Não é uma boa ideia. Vai por mim, compensa muito mais gastar dinheiro com cremes.

Curioso que sou, fiz várias descobertas sobre esse assunto e gostaria de compartilhar duas com você:

COÇAR A BARRIGA NA GRAVIDEZ NÃO DÁ ESTRIAS. PELO CONTRÁRIO. SÃO AS ESTRIAS QUE PROVOCAM COCEIRA ANTES DE APARECER. JÁ COÇAR O SACO NA GRAVIDEZ PROVOCA SÉRIOS PROBLEMAS AO MARIDO. ENTÃO UMA DICA: MANTENHA-SE OCUPADO.

QUANTO MAIS NOVA A MULHER, MAIS CHANCES DE SURGIREM ESTRIAS. ISSO ACONTECE PORQUE ALGUMAS CAMADAS DE PELE NÃO POSSUEM ELASTICIDADE. OU SEJA, SE MINHA VÓ QUISER TER UM FILHO, ELA NÃO VAI TER SURPRESAS COM ESTRIAS. SURPRESA MESMO VAI TER A NOSSA FAMÍLIA COM ESSA IDEIA. EU, HEIN.

DICA PRO PAI

É UM MOMENTO LEGAL PARA O PAI PARTICIPAR. VOCÊ PODE PASSAR CREME NA SUA ESPOSA E APROVEITAR PARA CONVERSAR COM O SEU FILHO, CONTAR HISTÓRIAS, DESCREVER O QUE ESTÁ FAZENDO, CANTAR E REFORÇAR AINDA MAIS ESSE VÍNCULO.

26ª SEMANA

dormindo com uma GRÁVIDA

uita gente diz que depois que o bebê nasce os pais não conseguem mais dormir direito. Balela. Os pais já não dormem direito muito antes de o bebê nascer.

Minha esposa tem me acordado a noite toda em busca de uma posição confortável. Mexe pra lá, pra cá, se a gente fosse catalogar todas as posições que ela já tentou fazer pra dormir, tenho certeza de que daria mais posições que o Kama Sutra.

Até o quinto mês é mais tranquilo. Depois os médicos recomendam que a grávida durma virada para o lado esquerdo, pois oferece melhores condições de oxigenação para o bebê, o sangue flui melhor pelo cordão umbilical, etc.

Minha mulher está seguindo essa orientação, além de colocar uma almofada no meio das pernas para evitar a rotação do quadril e diminuir as dores na coluna. Funcionou pra ela, porque as minhas dores no pescoço aumentaram muito, já que eu perdi todos os travesseiros pra ela.

Outros dois conselhos têm ajudado um pouco as nossas noites de sono. Ela está evitando tomar muito líquido antes de dormir, assim não precisa levantar para ir muitas vezes ao banheiro. Só umas 50 vezes! Que é a média normal de uma grávida.

O outro conselho é dormir sentada. No final da gestação, a mulher tem mais azia, falta de ar e congestão nasal. Dormir sentada, cercada por travesseiros, ajuda um pouco.

Estava pensando aqui com os meus botões: se a mulher faz muito xixi à noite e uma dica é dormir sentada, por que ela já não dorme no vaso sanitário? Problema resolvido.

Só pensei. Só pensei.

DICA PRO PAI

EU MORRO DE MEDO DE ACERTAR A BARRIGA DA MINHA ESPOSA À NOITE. ELA TEM DORMIDO VIRADA PARA O LADO ESQUERDO, ENTÃO TROCAMOS DE LADO NA CAMA E ELA DORME DE COSTAS PRA MIM. É MAIS SEGURO. SEM CONTAR QUE, CASO PRECISE, SÓ SE PRECISAR, VOCÊ PODE MEXER NO WHATSAPP TRANQUILO QUE ELA NEM VAI NOTAR. CLARO, CASO PRECISE.

27ª semana
VANTAGENS DE ESTAR grávida

pesar de todos os perrengues e desafios pelos quais um casal passa durante a gravidez, existe um lado bem prazeroso também, como por exemplo as filas preferenciais.

Depois da gafe que a minha esposa cometeu na primeira semana, quando tentou cortar a fila do ultrassom, eu pude reparar um grande crescimento nas suas habilidades sobre o assunto. Entre as amigas grávidas, hoje ela é considerada uma expert em cortar fila.

Essa semana mesmo, minha esposa não tinha nenhuma conta pra pagar, mas mesmo assim foi ao banco, só pra sentir o gostinho de cortar a vez de alguém. Às vezes não tem ninguém na fila,

FILA PREFERENCIAL

mas ela fica lá esperando alguém chegar, o tempo que for, só pra passar na frente e sentir-se poderosa. Tem mais que aproveitar mesmo.

Ela só não consegue escapar dos parentes folgados: "Bem que você poderia ir na lotérica pagar umas contas pra mim!". Acho que ela deveria aceitar, jogar as contas no lixo e embolsar o dinheiro. Ou cobrar R$ 50,00 por boleto. Não é uma boa ideia? Pena que ela não é uma gestante com visão empreendedora. Ah, se é comigo!

Uma outra vantagem é que a minha esposa parou de comprar sapatos. Olha que beleza! Não sei se vocês sabem, mas os pés da grávida incham e desincham a todo momento, então não tem como ficar comprando calçados toda semana, como ela fazia antes de engravidar. Em compensação, o que a Flávia está economizando com sapatos, ela está gastando com sutiãs confortáveis e outros acessórios. Droga. Ok, desisto, vantagens financeiras durante a gravidez é impossível ter.

Mas o melhor mesmo é que você pode usar a gravidez da sua esposa como desculpa pra se livrar dos amigos chatos. Sei que não é nada honesto, mas poxa, se temos essa opção, por que não usar? Um deles me ligou esses dias:

— Fala, Strombeck! Vamos dar uma volta, tomar uma cervejinha, dar uma zoada...

— Poxa, bem que eu queria, mas não vai rolar. Minha esposa está meio indisposta, preciso dar uma força, você tá ligado como é gravidez? A gente tem que dar uma atenção maior.

– Ah, claro! Entendo perfeitamente, relaxa, a gente marca pra outro dia!

Vai por mim, funciona muito. Se vacilar, ele fica sensibilizado e ainda manda um pacote de fraldas pra você.

Pois é, a situação está tão complicada que, por mais chata e insuportável que a pessoa seja, se ela aparecer com um pacote de fraldas na frente da sua casa, não tem como não dar um abraço caloroso e encher os seus olhos de lágrimas. Se for fralda boa então? Ela vai morar no seu coração pelo resto da vida. Estou mentindo? Faz parte!

#FRASESDEPALPITEIROSCHATOS

28ª semana

BENDITAS CÂIMBRAS

Essa semana, quando fui colocar o lixo na rua, o vizinho puxou conversa:

— Tua mulher já deve ter entrado naquela fase da gravidez em que as câimbras atacam, né?

— Entrou sim! Vocês também passaram por isso?

— Não. Desconfiamos pelos gritos de madrugada. Está complicado dormir lá em casa, vocês precisam dar um jeito nisso.

Pois é, esse é mais um dos problemas noturnos da gravidez. Mas não pense que dói apenas nas mulheres. Dói muito mais no homem, porque, por impulso, a mulher sempre crava as unhas no braço do marido e grita: "Aaaaiii, tô com câimbra!". Meu braço não tem mais onde arranhar. Parece que eu estou dormindo com o Wolverine.

Tem gente que diz que as benditas câimbras surgem por causa do peso extra que as grávidas carregam, outros pelas mudanças na circulação sanguínea, mas no fim ninguém sabe exatamente o porquê de as infelizes aparecerem justamente de madrugada. O médico disse pra ficarmos tranquilos que elas não representam nenhum prejuízo aos músculos da minha esposa. Com certeza, mas aos meus tímpanos, vou te contar... Muita gritaria. A vizinhança toda já anda invejando a gente, achando que a nossa vida sexual está explodindo. Coitados.

Um palpiteiro da família (sempre eles) disse pra Flávia fazer alongamentos, caminhar pelo quarto ou pedir a minha ajuda com massagens na região dolorida. Gostei. Está aí um motivo pelo qual não é bom mandar o seu marido ir atrás dos seus desejos de madrugada. Você pode precisar de uma massagem dele para aliviar as dores das câimbras. Pense nisso. De coração.

O engraçado é que muita gente, antes de ter filhos, pensa que a pior coisa vai ser trocar fraldas sujas. Sabe de nada. Durante a gravidez passamos por tantas complicações – câimbras, problemas pra dormir, dores, azias – que eu não vejo a hora da minha filha nascer pra eu começar a trocar fraldas.

Que maluquice essa vida, não? Cada dia uma nova descoberta, cada dia um novo desafio. O que tranquiliza a gente mesmo é que sabemos que no final o prêmio, mesmo todo cagado, vai fazer tudo isso valer muito a pena.

DICA PRO PAI

DIZEM QUE A BANANA É UM ALIMENTO QUE AJUDA A COMBATER AS CÂIMBRAS, MAS NÃO ESQUEÇA QUE ELA DEVE SER COMIDA ANTES DAS DORES APARECEREM, PORQUE SE ENQUANTO A SUA MULHER ESTIVER SE CONTORCENDO VOCÊ CHEGAR COM UMA BANANA NA MÃO MANDANDO ELA COMER, ELA VAI MANDAR VOCÊ ENFIAR A BANANA NUM LUGAR NÃO TÃO LEGAL. EXPERIÊNCIA PRÓPRIA.

29ª SEMANA

BEBÊ SOLUÇANDO NA barriga?

A minha filha começou a soluçar. Isso mesmo, dentro da barriga da minha esposa. Se já era complicado antes (cada vez que a barriga da Flávia tremia, eu não sabia se era a minha filha chutando ou uma bufa que vinha vindo), imagine agora! Além dessas duas opções, ainda pode ser um soluço. Isso quando não são as três opções juntas.

Minha mãe dizia que pra passar o soluço a pessoa deve tomar um susto. Até tentei assustar a minha filha apertando o umbigo da minha esposa e nada. No fim tomei um esporro e eu que fui pro canto chorando e soluçando.

Só acalmamos mesmo depois de ligarmos pra nossa doula:

– Fiquem tranquilos, é normal o bebê soluçar nessa fase. Ele está praticando os movimentos respiratórios. É um sinal de bem-estar e de que ele está se desenvolvendo normalmente. Relaxem, fumem um baseado e ficará tudo bem.

Ok, a parte do baseado é zoeira. Mas ela estava com uma voz tão tranquila, tão devagar, que eu tive certeza de que essa frase viria a qualquer momento.

Engraçado, a primeira vez que a Luísa começou a soluçar a gente ficou preocupado, achando que poderia ter algo de errado acontecendo. Hoje é o inverso. Quando ela fica um tempo sem soluçar, a gente já fica preocupado que tá muito quieto e pode ter alguma coisa errada. É muita adrenalina.

Depois descobrimos que, além de soluçar, nessa fase a minha filha também pode bocejar, chupar o dedo, mostrar a língua e até sonhar. Sonhar? Com o quê? Claro que ela não deve sonhar com viagens, namoradinhos ou coisas do tipo. Talvez no máximo com a placenta ou com o cordão umbilical, que já deve ser um sonho bem estranho. Será que ela sonha comigo? Com a mãe dela? Nunca saberemos. Só sabemos que essa pequena tem tirado as nossas noites de sono.

Agora minha mulher entrou em uma fase muito engraçada: a minha filha soluça, a barriga dela mexe, isso dá gases, ela peida, acha graça disso, dá risada e, por estar com incontinência urinária, se mija toda. Estamos nos divertindo como nunca. Ok, mais eu do que ela.

30ª Semana

COISAS QUE NÃO DEVEMOS DIZER A UMA gestante

Visando a paz mundial, e com base no que minha esposa tem escutado por aí, eu decidi listar algumas frases que não devemos dizer para uma grávida. E como em alguns casos existem as grávidas "sangue nos zóio" que querem revidar, eu também já anotei algumas possíveis respostas. Olha aí:

1. "DORME AGORA PORQUE DEPOIS QUE NASCER VOCÊ NÃO DORME MAIS!"

2. "QUE PEITO PEQUENO! SERÁ QUE VOCÊ VAI TER LEITE?"
RESPOSTA: NÃO! VAI TER YAKULT! VAI TER TAPA NA SUA CARA SE VOCÊ NÃO FICAR QUIETA.

3. "NOSSA, NEM PARECE QUE ESTÁ GRÁVIDA!"

4. "VOCÊ NÃO TEM MEDO DO SEU CORPO NÃO VOLTAR?"
RESPOSTA: NÃO É PORQUE O SEU NÃO VOLTOU QUE O MEU NÃO VAI VOLTAR, NÉ, FIA? MEU MEDO É QUE MEU CORPO FIQUE IGUAL AO SEU.

5. "QUE ESTRANHA ESSA LINHA PRETA NO MEIO DA SUA BARRIGA"

6. "NOSSA, DE ONDE SAIU ESSE NOME ESTRANHO?"
RESPOSTA: A GENTE ESCOLHEU ASSISTINDO O RODA-RODA, DO SILVIO SANTOS. É O QUE TEM DE MAIS MODERNO NA ESCOLHA DE NOMES.

7. "VOCÊ TEM MUITA QUEIMAÇÃO? ENTÃO A CRIANÇA VAI NASCER CABELUDA!"

8. "MENOS DE TRÊS MESES? NÃO É BOM FICAR ESPALHANDO, VAI QUE O BEBÊ NÃO VINGA!"
RESPOSTA: CLARO QUE VAI VINGAR. VAI VINGAR A MINHA MÃO NA SUA CARA TAMBÉM SE VOCÊ NÃO PARAR DE FALAR BESTEIRA.

9. "NOSSA, VOCÊ VAI COMER SÓ ISSO? VOCÊ ESTÁ GRÁVIDA!". OU ENTÃO: "NOSSA, VOCÊ VAI COMER TUDO ISSO? VOCÊ ESTÁ GRÁVIDA!"

10. "TEM CERTEZA QUE SÓ TEM UM BEBÊ AÍ DENTRO?"
RESPOSTA: NÃO, TEM UM VELOTROL TAMBÉM. COLOCAMOS LÁ DENTRO PRA MINHA FILHA NÃO FICAR NOVE MESES SEM FAZER NADA.

DICA

NÃO SABE O QUE DIZER PRA UMA GRÁVIDA? TEM AMOR PELA SUA VIDA? ENTÃO NÃO DIGA NADA.

31ª semana

COMPRA$ PARA O BEBÊ

Vou pular esta parte. Prefiro apagar esse capítulo da minha memória.

32ª SEMANA

INSTINTO DE PAI

MARCOS PIANGERS

"Eu acho que você tá grávida", eu disse pra minha namorada, antes de ela fazer o teste que, mais tarde, confirmou meu pressentimento. Eu não sei como explicar, mas às vezes a gente sente essas coisas. Acho que as mulheres também sentem essas coisas, inclusive mais frequentemente e em maior intensidade, já que elas têm muito mais sensibilidade do que a gente. Mas de vez em quando, se estivermos prestando atenção, a gente sente as coisas também.

Assim foi nossa primeira gravidez: a Ana teve pouco líquido amniótico e precisou ficar em repouso. Ela adorou muito isso. Sobrou pra mim cuidar de quase tudo, inclusive tratar um chulé inexplicável que a Ana desenvolveu, não sei nem como e nem por quê. Eu passava talco naquele pezinho aromático todos os dias, lutando contra aquela força do mal, na esperança de que minha filha não herdasse o odor. Agradeço aqui, publicamente, ao polvilho antisséptico Granado.

É comum o homem ficar um pouco perdido durante a gravidez. Quem está sofrendo com cólicas, calor, perna inchada, desejo de comer acerola da Nova Zelândia, quem está passando por tudo isso é a mulher. Cabe ao homem fazer todo o resto – louça, chão, roupas, pintar o quarto do bebê e comprar um berço que caiba no orçamento, cadeirinha, andador, cadeirão de comer. Mas todo o resto é nada perto do que a mulher está passando.

Por isso, quando comecei a comentar como seria legal ter um novo filho, sete anos depois da primeira, minha mulher odiou a ideia. Precisamos de uma visita da sogra, um jantar entre amigos, muito vinho e saquê, uma desatenção proposital e pimba! Eu disse pra ela quinze dias depois: "Eu acho que você tá grávida". Ela riu, falou que não era possível, fez um exame de sangue e os números eram inconclusivos. Eu disse: "Eu acho que você tá grávida. Acho que o exame foi feito muito cedo e logo esses números vão aumentar, confirmando a gravidez".

Dito e feito. De vez em quando, se estivermos prestando atenção, a gente sente as coisas também.

E, dessa vez, nosso estoque de talco antisséptico estava preparado.

33ª Semana

O PLANO DE PARTO

ocês já têm um plano de parto?

Quando a doula nos questionou sobre esse assunto, eu achei que ela estivesse falando de plano de pagamento, 36 vezes no cartão fidelidade, algo nessa linha. Até então, o único plano que eu tinha pra hora do parto era não desmaiar. Mas acho que esse é o plano geral dos pais, não é verdade?

Sempre calma, ela explicou que o plano de parto não passava de uma carta, onde a gente colocaria tudo o que gostaria ou não que acontecesse em nosso parto. Essa carta seria entregue para a equipe médica responsável. Na internet você encontrará vários modelos e formas de redigir essa carta. Seguem algumas sugestões do que colocar:

GOSTARIA QUE O PAI CORTASSE O CORDÃO UMBILICAL, SOMENTE DEPOIS QUE O CORDÃO PARAR DE PULSAR (FAREI ISSO).

APÓS O NASCIMENTO, GOSTARIA QUE O BEBÊ FOSSE COLOCADO IMEDIATAMENTE SOBRE O PEITO DA MÃE.

GOSTARIA DE LUZ BAIXA.

GOSTARIA DE AGUARDAR EXPULSÃO ESPONTÂNEA DA PLACENTA, ETC.

Minha esposa colocou que queria um ambiente silencioso, mas eu desconfio que ela vai gritar tanto que até minha filha vai ficar com medo de sair. Eu não comentei nada, mas não tem muito o que fazer nesse caso, vamos deixar esse item só por deixar mesmo.

Montamos a tal carta, com a ajuda da doula, e levamos em uma de nossas consultas de rotina. Dizem que os bons médicos já estão acostumados a ter esse tipo de conversa com seus pacientes, mas, quando o nosso viu o plano de parto da minha esposa, ele se assustou um pouco com o tanto de ordens. Eu só pensei, no meu canto: "Achou muita ordem? Isso porque você nem tá casado com ela!".

Tudo bem que não é uma lista de "mandamentos", é mais uma organização de ideias para facilitar o diálogo com o profissional que te acompanhará no parto. Sem contar que é um direito da mulher participar das decisões que envolvem seu bem-estar e o do bebê.

Lembrando que o plano de parto pode não ser seguido pelo médico, caso ele ache que é melhor não seguir por algum motivo. Mas se o doutor conhece bem a minha mulher, ele não vai querer contrariar ela sem motivo convincente, até porque, senão, ele vai ter que seguir é um novo plano de carreira! Ah, se vai!

34ª SEMANA

com a palavra: MINHA esposa

gora chegou a hora da vingança (risadas macabras). Bom, ainda não li os outros capítulos, o Fernando está mantendo suspense, mas como conheço bem o meu marido tenho quase certeza de que ele deve ter me apresentado ao longo do livro como uma criatura medonha, que solta gases, tem estrias, às vezes é emotiva, às vezes é surtada e por aí vai. Tudo bem, isso eu não tenho como negar, toda grávida é um pouco assustadora, não é verdade?

Mas o pai também não é muito diferente, não. Nas primeiras semanas eu vi o Fernando sair do eixo algumas vezes. Foi engraçado a primeira vez que um amigo perguntou: "E aí, Strombeck, preparado pra ser pai?". Ele começou a gaguejar, suar e falar coisas sem sentido. Lembra da primeira vez que você teve que apresentar um seminário na escola? Você ficou nervoso, as palavras sumiram, a cada novo questionamento dos amigos você ficava ainda mais perdido. É mais ou menos assim que o pai se sente nessa fase.

De todas essas nossas aventuras, não posso deixar de comentar o difícil caminho de quem escolhe ter um parto normal hoje em dia.

Minha avó teve 11 partos domiciliares, todos normais e sem complicações. Isso sempre me motivou a tentar seguir o mesmo caminho (claro, o de encarar um parto normal, não o de ter 11 filhos, poxa), mas não sabia que surgiriam algumas barreiras.

Logo que nos casamos, ainda sem planos concretos para encomendar a nossa cria, fomos juntos a uma consulta com o meu ginecologista. Quando toquei no assunto "parto", recebi a resposta: "Ah, claro, após a 38ª semana já temos condições de marcar a data da cesariana". Confusa, eu discordei: "Não, doutor, eu gostaria de ter um parto normal!". A resposta dele veio num tom de sarcasmo: "Vamos ver, se tudo correr bem até lá, avaliamos essa possibilidade". Como assim? Na minha cabeça era o contrário disso. Se algo saísse do padrão seguro, uma cesárea seria indicada, não? Infelizmente, a realidade é outra hoje em dia. É muito mais cômodo para um médico fazer uma cesariana com data marcada, independentemente das condições e vontades da grávida.

Ainda bem que eu tinha uma amiga doula, a Karen, que sempre esteve ao meu lado nesses momentos confusos. Se eu pudesse dar uma única dica para quem está pensando em engravidar, seria: "Arrume uma doula". Claro que estou me referindo à busca por informações. No que diz respeito ao ato de engravidar, melhor um homem mesmo...

Alguns meses depois, descobrimos a gravidez. Foi uma surpresa, eu já estava com 11 semanas e não havia desconfiado de nada. Nessas 10 semanas eu fiz tudo o que não deveria fazer: participei de uma corrida de rua, fui pra balada e tomei bebida alcoólica numa quantidade bem considerável. Mas tudo bem, como diz aquele velho ditado: "Deus cuida dos bêbados e das criancinhas". No meu caso, eu estava duplamente protegida.

É muito comum o homem não se envolver muito com a escolha do tipo de parto. Na maioria das vezes é uma decisão da mulher, o homem apenas aceita e não se envolve tanto com o processo. Não foi diferente com o Fernando, pelo menos no comecinho da minha gravidez.

As coisas começaram a mudar na nossa gestação quando assistimos ao filme "O renascimento do parto". O filme trouxe uma chuva de informações e, pela primeira vez, o parto normal virou uma busca do casal e não apenas uma decisão minha. Isso me deu mais segurança, força e me fez sentir ainda mais confiante na minha escolha. Aos poucos fomos vencendo os desafios. Encontramos um obstetra de confiança e uma equipe humanizada linda que está a nos acompanhar desde o primeiro pré-natal.

Agora estamos na reta final, superansiosos. Para relaxar, nada melhor que receber massagens, ser mimada por todos, sentir vontade de comer coisinhas de madrugada. Quer coisa melhor? Embora eu ainda tenha dúvidas se são somente as grávidas que têm desejos. A coisa mais comum ultimamente é o Fernando ficar com vontade de comer algo e tentar me induzir psicologicamente a falar que estou com desejo, só pra ele ter que sair pra comprar. Ele pensa que sou boba? Daqui a uns dias ele vai assumir que está com desejos e vai pedir para eu ir buscar, certeza. Ai, ai, esses pais ansiosos.

O jeito é roer as unhas e esperar a chegada da nossa pequena, sem saber o horário ou o dia da sua chegada, mas tendo a certeza de que será o dia mais feliz de nossas vidas.

COMO VOCÊ PODE NOTAR, O FERNANDO ADORA ENSAIOS DE GESTANTES

35ª Semana

MEGA ULTRA MALA DA MATERNIDADE

Minha esposa finalizou a mala que ela pretende levar para a maternidade. Confesso que estou bem assustado. Ela só pode estar escondendo alguma coisa. Pelo tamanho da mala, acho que vou ser pai de quadrigêmeos. Deve ser isso, não tem outra explicação.

Eu não reclamo muito, porque arrumar a mala da maternidade é uma boa distração para as grávidas. Minha mulher mesmo já está montando e remontando a mala há cinco meses. É quase que uma terapia, ela fica quietinha no canto dela o dia todo, tudo fica em paz. Por isso, dou apoio total.

O duro é a pressão que ela faz em mim: "Não vai esquecer a mala! Ai de você se esquecer, Fernando!". A pressão é tanta que no dia é capaz de eu chegar no hospital com a mala e esquecer a minha esposa.

Tem várias listas na internet de como separar o que levar para a maternidade. Eu selecionei uma, mas não sei se minha esposa seguiu à risca, não tem como eu abrir a mala dela pra conferir, senão só vou conseguir fechar de novo depois que minha filha tiver nascido e já tiver com uns 3 anos. Mas vamos lá:

PARA O BEBÊ

1 COBERTOR.
1 MANTA LEVE, DE SOFT.
1 MANTA DE MALHA.
5 FRALDINHAS DE BOCA (FRALDA NÃO É DE BUNDA? COMO ASSIM?).
2 CUEIROS (NÃO FAÇO A MÍNIMA IDEIA DO QUE SEJA ISSO).
2 TOALHAS DE BANHO COM FORRO MAIS FINO E DELICADO.
3 SAQUINHOS COM TROCAS DE ROUPA COMPLETAS (BODY, CULOTE, MEIA, LUVA, MACACÃO).
1 SHAMPOO/SABONETE LÍQUIDO.

1 POMADA PARA PREVENÇÃO DE ASSADURAS.
1 PACOTE DE LENÇOS UMEDECIDOS.
1 ESCOVA DE CABELO.
1 ÁLCOOL EM GEL PARA AS MÃOS.
1 SAQUINHO DE TECIDO PARA AS ROUPAS SUJAS.
1 PACOTE DE FRALDAS PARA RECÉM—NASCIDO.

PARA A ESPOSA

2 TOPS PARA AMAMENTAÇÃO.
4 CALCINHAS DE ALGODÃO COM CÓS MAIS ALTO.
1 CAMISOLA DE MALHA COM ABERTURA.
2 BLUSINHAS TIPO CAMISA COM ABERTURA NA FRENTE.
1 CALÇA DE MALHA.
ROUPA PARA SAIR DA MATERNIDADE.
1 CHINELO DE PANO.
2 PARES DE MEIAS.
2 PACOTES DE ABSORVENTES NOTURNOS.
1 PACOTE DE ABSORVENTES PARA SEIOS.
1 KIT MINIATURA COM SHAMPOO, CONDICIONADOR, SABONETE LÍQUIDO, CREME PARA O ROSTO, PASTA DE DENTE, ESCOVA, ETC.

DOCUMENTOS, DINHEIRO, CÂMERA, CARREGADOR, LISTA DE PESSOAS PRA AVISAR, CARTÃO DO PRÉ—NATAL, PLANO DE PARTO E CARTEIRINHA DO CONVÊNIO. LEMBRANCINHAS, CASO VOCÊS QUEIRAM RECEBER VISITAS NO HOSPITAL.

PARA O PAI:

COTOVELEIRAS, JOELHEIRA, CAPACETE E QUALQUER OUTRO ACESSÓRIO QUE POSSA PROTEGER O PAI CASO ELE DESMAIE NA HORA DO PARTO.

MELHOR NÃO CONTRARIAR, ESTAMOS NA RETA FINAL. DETALHE: TUDO ISSO PARA UMA CRIANÇA! IMAGINE O RAPAZ QUE VAI SER PAI DE TRIGÊMEOS. PRECISA ALUGAR UM CAMINHÃO DE MUDANÇA PARA LEVAR AS COISAS.

36ª semana

emoções -NA- RETA FINAL

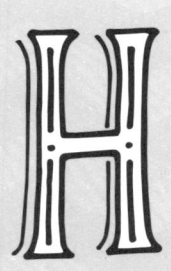

Hoje encontramos um casal de vizinhos quando voltávamos de uma consulta de rotina. Minha vizinha veio toda empolgada:

"Nossa, que barrigão! Está de quanto tempo?"

"Quase 37 semanas."

"Que demais! Minha filha nasceu com 37 semanas. Parto normal, tudo perfeito. Agora é aquela fase que pode vir a qualquer momento! Se preparem!"

Oi? Como assim? Olhei assustado para minha esposa. Minha voz custou a sair:

"Pode vir a qualquer momento, Flávia? Não é só depois da quadragésima semana?"

E minha mulher respondeu bem devagar, para alongar ainda mais a minha tensão:

"Não, Fernando! Depois da trigésima sétima semana já não é mais considerado um bebê prematuro, pode vir a qualquer momento."

A minha pressão caiu, as pernas bambearam, as minhas mãos começaram a suar e tudo ficou em câmera lenta. Como assim? Eu estava esperando que a minha filha viesse a partir da quadragésima semana. Eu deixei pra me preparar psicologicamente a partir da trigésima nona semana. Meu estômago começou a embrulhar. Se não bastasse, a vizinha veio com as mandingas:

"Você tem que ver a fase da lua, ela influencia no parto."

Aliás, dizem que a lua influencia no parto, nas marés, no crescimento do cabelo, no comportamento das pessoas. No fim a lua é tipo uma desculpa padrão para as coisas que a gente não sabe explicar.

E lá foram elas pesquisar no celular os mapas lunares. Eu continuei em choque. Como assim pode vir a qualquer momento? Não pode ser verdade.

Já o marido da vizinha, mesmo vendo que eu estava pálido e prestes a enfartar, tentou puxar assunto. Falou que tatuou o pezinho da filha no braço e blá blá blá. Já pensou se todo pai resolvesse tatuar o pezinho do filho no braço? O Mr. Catra teria que implantar um braço para caber tantas tatuagens. Eu só fui concordando. Acho. Nem lembro muita coisa, eu realmente estava em choque. Como assim pode vir a qualquer momento?

Entramos no nosso apartamento com a notícia de que a lua estava favorável para a Luísa nascer nos próximos dias. Se a informação procede eu não sei, mas como dizem que as pessoas que têm sorte na vida nascem com a bunda virada pra lua, vamos focar nisso então!

Sentei no sofá e segui em choque com os meus questionamentos: Como assim pode vir a qualquer momento?

UMA DICA PARA O CASAL

EVITE CONVERSAR COM VIZINHOS NAS ÚLTIMAS SEMANAS DE GRAVIDEZ. AJUDA MUITO. MELHOR, ISOLE—SE DO MUNDO. PORQUE QUANDO VOCÊ ESTÁ NO CORREDOR DO PRÉDIO, OS VIZINHOS TAMBÉM PODEM VIR A QUALQUER MOMENTO. ASSIM COMO OS BEBÊS DEPOIS DA TRIGÉSIMA SÉTIMA SEMANA. AINDA NÃO ME CONFORMO COM ISSO.

exta-feira, 24 de junho. Ainda um pouco assustado com a possibilidade da chegada da minha filha a qualquer momento, eu e minha esposa passamos o dia fazendo os últimos ajustes no quarto da Luísa. Arrumamos o guarda-roupa, organizamos as prateleiras e penduramos os quadros bem alinhados, porque eu tenho um TOC incontrolável. Quando capotei na cama, cansado, soltei um: "Pronto, filha, já pode vir que as coisas estão em ordem!". Parei por um tempo, pensei e voltei atrás: "Brincadeira, filha. Dá mais uma semana pro papai se preparar melhor". Mas parece que a minha filha ignorou essa segunda frase. Talvez já estivesse comemorando nesse momento.

25/06 – 02:00

A minha mulher me acorda desesperada:

"Fer, não consigo parar de fazer xixi."

"Humm tô ligado, já faz mais de oito meses que... ZzZzz."

"Fer, eu não consigo segurar, estou fazendo nas calças, toda hora, acho que a bolsa estourou."

Saltei da cama e soltei várias frases confusas, ruídos estranhos, tudo em um curto espaço de tempo: "Liga pra doula. Liga pro obstetra e vê se isso é normal. Êita, porra. Eu ainda não arrumei a minha mala. Será que a cadeirinha já está no porta-malas? Bom que essa hora não tem trânsito, né? Vixe! Vamos pro hospital!".

Mesmo vazando pela casa, com o marido quase tendo um treco, minha esposa ainda teve calma pra criar um grupo no WhatsApp com a gente, o obstetra, o pediatra, a fotógrafa e a doula. O nome do grupo não poderia ser outro: "Vem Luísa". Finalmente entrei em um grupo sério, com propósito. Ali no máximo vazaria uns nudes das partes íntimas da minha esposa, mas tudo bem, seria para fins de análise profissional, então tá valendo.

Ah, e um detalhe: estávamos decididos que faríamos um parto humanizado no hospital.

O obstetra pediu para a gente tentar dormir um pouco, descansar, que logo começariam as contrações e a gente precisaria de energia para encarar o trabalho de parto. Mas, poxa, dormir? Como que dorme com a cama mijada? Que absurdo.

8:00

Cochilei no sofá e acordei com a minha sogra na sala de casa, com uma vassoura nas mãos. Que susto dos infernos. Se eu já estava atordoado antes, imagina com essa cena.

Ela chegou logo cedo com a missão de nos ajudar a limpar a casa, que assim como a minha cabeça, estava virada de pernas para o ar. Já havíamos combinado isso com ela no dia anterior, não tem nenhuma relação com o fato da minha esposa ter espalhado líquido amniótico pela casa toda. Apesar de que, a cada jatada que ela dava de madrugada, eu pensava: "Sogrinha, se ferrou, vai pagar os seus pecados amanhã cedo".

12:00

Depois de quase 10 litros de café e 10 litros de líquido amniótico no chão, demos um pulo no hospital, conforme orientação do #TeamVemLuisa, para ver se estava tudo ok com o coração da minha filha e para minha esposa fazer um exame de toque. Na ocasião, ela estava com quatro centímetros de dilatação. Como mediram eu não sei, achei melhor nem perguntar. Mas acho que deve ter sido traumatizante enfrentar uma trena nesse momento.

Todo mundo do grupo "Vem Luísa" foi informado e voltamos para casa sofrer mais um pouco.

13:00

Enquanto a minha esposa subia pelas paredes e media os intervalos entre as contrações, eu baixava o CD da Maria Gadú acústico. Sim, não é zoeira. Minha esposa queria escutar Maria Gadú durante o trabalho de parto.

14:00

A doula chegou em casa e, depois que as contrações ficaram mais frequentes, partimos para a maternidade.

Minha sogra ficou feliz demais. É que na verdade ela não via a hora de a gente ir embora para ela poder limpar a sala.

Pegamos todos os semáforos fechados. Na minha cabeça só passava uma frase: "Eu não posso me envolver em nenhum acidente". No banco de trás estavam a minha esposa, a doula e minha sogra, que havia abandonado o serviço lá em casa para colocar ainda mais pressão no genro: "Acelera esse carro. Vai mais rápido. Ultrapassa esse babaca!".

Ah, não posso esquecer de comentar sobre o tamanho da bolsa da doula. Quase tivemos que chamar um taxista só pra levar a bolsa dela até o hospital. Ela disse que tinha separado apenas o essencial. Eu não questionei muito, mas tenho certeza de que ela estava levando muambas e produtos da Natura pra vender na maternidade. Será que Essencial era o nome de algum perfume novo? Sei que na hora era impossível pensar em outra coisa que não fosse na chegada da minha filha.

15:00

O #TeamVemLuisa subiu para o centro obstétrico, um lugar calmo, deserto e com pouca luz. As próximas três horas seguiram com minha esposa sentada em um banquinho, fazendo força, eu sentado atrás dela, a doula segurando na sua mão e a fotógrafa registrando cada movimento. O obstetra e o pediatra ficaram sentados no chão, um pouco afastados, analisando, e de tempo em tempo mediam os batimentos cardíacos da minha filha. Tudo isso ao som de shimbalaiê acústico.

16:00

Toca o celular da minha esposa e o pediatra faz o favor de atender. Em alguns minutos ele cochicha baixinho pra mim:

"Tinha um rapaz com uma pizza na portaria do seu prédio."

"Pizza? Sei lá de pizza. Qual o sabor?"

"Não sei, desliguei o celular."

Depois fiquei sabendo que a minha esposa tinha comprado uma pizza para ajudar uma igreja e o rapaz ficou de entregá-la no sábado à tarde. Embora ninguém tivesse almoçado, a última coisa que passava pela cabeça naquele momento era comida.

17:40

Troquei de lugar com a doula. Sedentário que sou, nesse momento a minha coluna doía muito. Foi quando a minha esposa, mesmo naquela situação, soltou um: "Tadinho!". Caramba! Só podia estar alucinando. Tadinha de você, filha! Por isso que eu amo essa mulher.

Todos rimos, era um bom clima, pessoas do bem reunidas para um momento especial, o momento mais feliz da vida de um casal que se ama muito.

Depois de uma das contrações, eu consegui ver o cabelinho da minha filha. Confesso que uma lágrima escorreu. No movimento seguinte, a minha esposa conseguiu tocar a cabeça da minha filha. Mais algumas lágrimas escorreram.

Foi então que minha filha resolver escorrer também. Saiu apenas a cabeça, de lado, olhos fechados e assim ela ficou até a próxima contração, sendo admirada pelo seu pai completamente em êxtase.

Como combinado, eu gostaria de receber a minha filha, ser o primeiro a tocá-la, por isso comecei a colocar uma luva e fui interrompido pelo obstetra:

"Não, pega com as mãos mesmo, pra você sentir ela."

E foi o que aconteceu. Eu recebi e senti a minha filha. A cabeça tocou levemente a minha mão esquerda; o corpo repousou na minha mão direita. Foi o centésimo de segundo mais emocionante da minha vida, o mais duradouro, o mais colorido, o mais transformador. Eu digo centésimo de segundo porque a minha esposa esticou os braços desesperada e puxou a Luísa das minhas mãos. Poxa, cadê o "tadinho" nesse momento? Tudo bem, eu entendo perfeitamente, teremos a vida toda pela frente, para abraçarmos, beijarmos e amarmos.

SEJA BEM—VINDA, LUÍSA.
SEJA BEM—VINDA, MINHA FILHA!

**OBS: AINDA ESTAMOS TENTANDO
DESCOBRIR O PARADEIRO DA PIZZA.**

RESPOSTAS

RESPOSTA PÁGINA 21.

RESPOSTA PÁGINA 28.

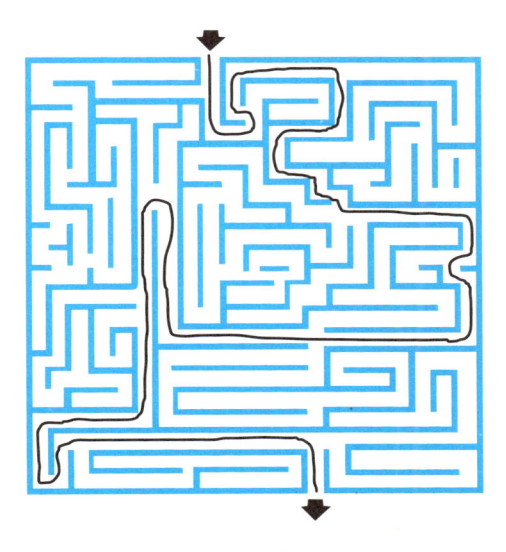

RESPOSTA PÁGINA 53.

SE VOCÊ GOSTOU DESTE LIVRO, VAI CURTIR TAMBÉM:

 O PAPAI É POP

 O PAPAI É POP 2

 O PAPAI É POP
EM QUADRINHOS

A MAMÃE É ROCK

MÃE SEM MANUAL

www.belasletras.com.br